남호영 글

어린이 여러분, 나는 서울대학교 수학교육과를 졸업하고
이학 박사 학위를 받은 수학자이자 교사예요.
고등학교와 대학교에서 여러분 같은 학생들에게 수학을 가르쳤고,
인간의 역사와 얽히고설키며 발전해 온 수학을 그 역사 속에서
생생하게 볼 수 있도록 하는 작업을 계속해 나가고 있지요.
지은 책으로는 어린이들을 위한 수학 동화 《원의 비밀을 찾아라》, 《달려라 사각 바퀴야》,
수학의 관점에서 여행과 문화를 녹여 낸 《수학 끼고 가는 서울 1》, 《수학 끼고 가는 이탈리아》,
과학의 역사에서 동양과 신비주의의 역할을 복원한 《코페르니쿠스의 거인, 뉴턴의 거인》,
그리고 《선생님도 놀란 초등수학 뒤집기 시리즈》 등이 있으며,
중학교 수학 교과서(디딤돌, 7차 교육과정)도 썼답니다.

임다와 그림

마음을 따뜻하고 즐겁게 해 주는 그림책의 매력에 빠져 그림 작가가 되었어요.
파이쌤이 들려주는 황당한 수학 이야기를 그리는 동안,
멀고 어렵게만 느껴졌던 수학이 친근하게 다가왔습니다. 제 그림을 보는 여러분들이
마음속에 반짝이는 순간들을 남겨 놓고, 더욱 풍부한 상상을 하게 되었으면 좋겠어요.
지은 책으로는 《엉뚱하지만 과학입니다 2 진짜 발 냄새를 찾아라!》,
《로이 씨의 거품 모자》, 《두근두근 공룡 박물관》, 《뼈다귀가 좋아》 등이 있습니다.

와이즈만 영재교육연구소 감수

창의 영재수학과 창의 영재과학 교재 및 프로그램을 개발했습니다.
구성주의 이론에 입각한 교수학습 이론과 창의성 이론 및 선진교육 이론 연구 등에도
전념하고 있습니다. 국내 최고의 사설 영재교육 기관인 와이즈만 영재교육에
교육 콘텐츠를 제공하고 교사 교육을 담당하고 있습니다.

황당하지만 수학입니다

① 바닥에 떨어진 사탕, 먹어도 될까?

와이즈만 BOOKs

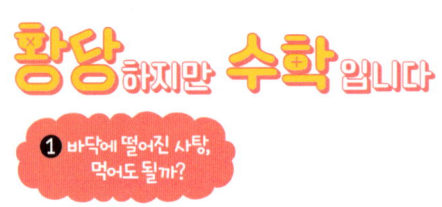

1판 1쇄 발행2022년 10월 30일 | 1판 4쇄 발행 2024년 10월 31일

글 남호영 | **그림** 임다와 | **감수** 와이즈만 영재교육연구소
발행처 와이즈만 BOOKs | **발행인** 염만숙 | **출판사업본부장** 김현정 | **편집** 이혜림 양다운 이지웅
기획·진행 CASA LIBRO | **디자인** SALT&PEPPER Communications | **마케팅** 강윤현 장하라

출판등록 1998년 7월 23일 제1998-000170 | **제조국** 대한민국
주소 서울특별시 서초구 남부순환로 2219 나노빌딩 5층
전화 마케팅 02-2033-8987 | **편집** 02-2033-8928 | **팩스** 02-3474-1411
전자우편 books@askwhy.co.kr | **홈페이지** mindalive.co.kr | **사용 연령** 8세 이상
ISBN 979-11-90744-80-5 74410 979-11-90744-79-9(세트)

©2022, 남호영 임다와 CASA LIBRO
이 책의 저작권은 남호영, 임다와, CASA LIBRO에게 있습니다.
저자와 출판사의 허락 없이 내용의 일부를 인용하거나 발췌하는 것을 금합니다.

잘못된 책은 구입처에서 바꿔 드립니다.

와이즈만 BOOKs는 (주)창의와탐구의 출판 브랜드입니다.
KC마크는 이 제품이 공통안전기준에 적합하였음을 의미합니다.

황당하지만 수학입니다

① 바닥에 떨어진 사탕, 먹어도 될까?

남호영 글 | 임다와 그림
와이즈만 영재교육연구소 감수

수학 좋아하니?

좋아한다고? 반갑구나. 하지만 '수학'이라는 말만 들어도 마음이
무거워지는 친구도 많지. 수학을 잘하고 싶은데
계산은 늘 실수투성이고 숫자는 복잡하니까.
그래서 수학을 '이그노벨상'과 함께 알아보려 해.

이그노벨상을 받은 연구 중에서 수학상을 받은 건 몇 개밖에 없어.
다섯 손가락에 꼽을 정도야. 그래서 수학상을 받지 않았더라도
수와 연산과 관련 있는 연구를 10개 뽑아 엮었어.
책을 읽으며 웃다 보면 수학이 친숙하게 느껴지고 좋아질 거야.

어쩌면 너를 꼭 닮은 친구 '나', 그리고 앉으나 서나 수학하는
파이쌤의 안내에 따라 조금씩 천천히 황당한 수학의 세계로
들어와 봐!

이그노벨상부터 알아볼까?

1991년 하버드대학교의 유머 과학 잡지사가 만든 상이야.
학문에 대한 사람들의 관심을 높이기 위해 기발한 연구와 업적에
주는 상이지. 수학을 비롯해서 물리, 화학, 의학, 생물, 평화 등
여러 분야에 걸쳐 수상자를 선정해.

이그노벨상을 수상한 연구는 정말 황당해.
어떤 때는 어이가 없을 정도야. 하지만 '이런 것도 연구하는구나!'
'수학은 우리 생활 속에 있구나!'라는 걸 깨닫게 해 주지.
시상식 포스터에는 로댕의 〈생각하는 사람〉이 바닥에 등을 대고
누워 있는 그림이 있어. '발상의 전환'을 나타내는 거래.

자, 그럼 우리도 고정 관념이나 일반적인 생각에서 벗어나
이 책에 가득한 황당하고 기발한 생각으로 발상을 전환해 볼까?

차례

1 너도 코 파니? ································· 9
  - 17 퍼센트는 몇 명이게? ····················· 13

2 바닥에 떨어진 사탕,
  먹어도 될까? ································· 17
  - 세균은 얼마나 빨리 달라붙을까? ············ 21

3 물이 기억을 한다고? ························· 25
  - 디지털은 '0'과 1로 흘러 다녀! ·············· 29

4 콜라 병뚜껑 사건 ···························· 33
  - 백만 페소, 넌 얼마냐? ······················ 37

5 물 위를 달리고 싶어? ······················· 41
  - 물 위를 달리는 $\frac{1}{6}$ ··············· 45

6 '빵' 터지는 해군 ·············· 49
   - 궁금하면 어림셈을 해 봐! ·············· 53

7 손가락을 몇 번이나
   꺾었을까? ·············· 57
   - 곱하면 알 수 있어! ·············· 61

8 억조까지 세 봤니? ·············· 65
   - 큰 수 세기 해결사, 십진법 ·············· 69

9 화약 모아 다이아몬드 ·············· 73
   - 다이아몬드로 알아보는 나노의 크기 ·············· 77

10 세상에서
   가장 비싼 클릭 ·············· 81
   - 실수에 실수를 거듭하면? ·············· 85

주인공이 궁금해요

파이 쌤

먹는 파이도 아니고 와이파이도 아닌
무한소수 원주율 파이(π)처럼
무한한 호기심을 가진 수학 덕후.
수학이 있는 곳이라면 어디든 언제라도
떠날 수 있도록 늘 작은 캐리어를
끌고 다닌다.

나

누가 봐도 우리 동네
최고의 참견쟁이.
호기심 가득, 실행력은 으뜸!
솔직히 수학은 잘 못한다.

1
너도 코 파니?

"파이쌤, 저 선수가 바로 제가 가장 좋아하는 선수예요."
나는 타석에 들어선 선수를 반기며 말했어.
안타를 쳐야 할 텐데.
나는 두 손을 모으고 '안타, 안타!' 하며
마음속으로 소원을 빌 듯이 말했어.

"코를 자꾸 파다가는 다칠 수 있어."
"저 말고도 콧구멍을 후비는 애들 많아요."

"얼마나 많은 학생이 코를 파는지 조사한 사람이 있어. 인도 방갈로르 국립 정신 건강 및 신경 과학 연구소의 치타란잔 안드라데와 B.S. 스리하리는 이 연구로 2001년 이그노벨 공공보건상을 받았어. 스리하리는 4개 학교에서 총 200명의 학생을 조사했어."

"학생 중 코를 팔 때 코피가 나는 경우는
25퍼센트였어.
그 밖에도 손톱 물어뜯기, 특정 부위 긁기,
머리카락 뽑기 같은 습관을 가진 학생도 많았지.
이 중 3개 이상의 습관을 동시에 가진 학생도
14.2퍼센트나 됐어."

17퍼센트의 학생에게 심각한 코 후빔 증세가 있다는 말은 학생이 100명이라면 그중 17명이 그렇다는 말이야.

17퍼센트는
100을 기준으로 했을 때 17만큼이라는 뜻이야.
분수로 나타내면 100분의 17이지.

그런데 안드라데와 스리하리의 조사에서는 전체 학생 수가 200명이잖아. **이럴 때는 퍼센트가 몇 명을 말할까?**

심각한 코 후빔 증세 : 17퍼센트

200명의 17퍼센트는 200에 17퍼센트를 곱해. $200 \times \frac{17}{100}$ 이니까 34명!

코를 팔 때 코피 나는 증세 : 25퍼센트

200명의 25퍼센트는 $200 \times \frac{25}{100}$ 이겠죠? 계산하면 50명!

그럼, 하루 20번 이상 코를 파는 학생이 7.6퍼센트인 것처럼
백분율이 소수인 경우에는 어떻게 계산해야 할까?

7.6퍼센트는 $\frac{7.6}{100}$ 이니까 $\frac{76}{1000}$ 이야.

하루 20번 이상 코 파기 : 7.6퍼센트

200명의 7.6퍼센트는 200 × $\frac{76}{1000}$ 이니까 15.2명!

손톱 물어뜯기 등
3가지 이상 습관 : 14.2퍼센트

200명의 14.2퍼센트는 200 × $\frac{142}{1000}$ 이니까 28.4명이죠!

2
바닥에 떨어진 사탕, 먹어도 될까?

와르르, 떼굴떼굴, 떼구루루!
사탕 봉지를 잘못 뜯어서 사탕이 사방으로 흩어졌어.
나는 얼른 가장 좋아하는 레몬 맛 사탕을 주워
입에 쏙 넣었어.

17

"바닥이 더러워도 얼른 주웠으니까 괜찮겠지?"
나는 파이쌤 댁에 들어서면서도 아까 주워 먹은 사탕 생각에 왠지 기분이 찜찜했어.
"뭘 그렇게 중얼거리니?"
"쌤, 바닥에 떨어진 사탕을 얼른 주우면 먹어도 되지요?"

"많은 사람이 떨어뜨린 음식을 5초 안에 주워 먹으면 괜찮다고 알고 있어. 미국의 고등학생 질리언 클라크는 이 말이 사실인지 직접 실험해 봤어. 매끈한 바닥과 거친 바닥에 쿠키와 젤리를 떨어뜨렸을 때, 5초가 되기도 전에 세균이 달라붙는다는 걸 확인했지. 이 공로를 인정받아 2004년에 이그노벨 공공보건상을 받았단다."

"그럼, 3초 안에 주워 먹으면 괜찮을까요?"
나는 사탕을 얼마나 빨리 주워 먹었는지 생각했지.

바닥에 떨어진 음식을 3초나 5초 안에 먹으면 괜찮다는 말이 진짜인지 궁금한 사람이 많았나 봐. 꽤 많은 사람이 그걸 연구했단다.

2007년 미국 클렘슨대학교 연구팀

떨어진 음식을 주워서 먹는 것은 안전벨트를 매지 않는 것과 같습니다.

2013년 미국 질병예방통제센터

식품으로 인한 질병의 원인 중 표면이 오염된 음식물은 6번째입니다.

2014년 영국 애스턴 연구팀

81퍼센트의 사람들이 5초 안에 먹으면 안전하다고 생각하는데, 아닙니다.

2016년 미국 나사 과학자

수분이 많은 음식은 순식간에 세균 범벅이 됩니다.

클라크가 거친 바닥보다 매끈한 바닥에서 세균이 더 많이 옮겨 왔다고 했잖아. 클렘슨대학교 연구팀도 카펫에서는 1퍼센트 미만, 타일에서는 48~70퍼센트 정도 옮겨왔다고 밝혔어. 매끄러운 바닥일수록 세균이 더 빨리 이동하는 거야. 그만큼 음식물과 접촉 면적도 더 넓을 거고.

그런데 다른 생각을 하는 사람들도 있어. 2016년 미국 인디애나대학교 소아과 아런 캐롤은 약 6.5cm²의 넓이에 세균이 몇 마리 있는지 조사했어.

음식물이 바닥에 떨어져 있던 시간이 길수록 세균이 더 많이 달라붙는 건 사실이야. 쿠키같이 건조한 것보다는 잼 바른 빵같이 축축한 것에 더 많이 달라붙고, 카펫보다는 매끈한 나무나 타일 바닥에서 오히려 더 많이 달라붙지. 그렇지만 바닥 상태가 깨끗하다면 바로 주워 먹어도 크게 문제될 건 없을 거야.

3
물[] 기억을 한다고?

오늘은 파이쌤 집에서 영화 보는 날!
파이쌤과 〈겨울왕국 2〉를 보는데 올라프가 믿기지 않는 말을 하는 거야.

물이 기억을 한다고?
어떻게 물이 기억할 수가 있지?
영화를 보는 중이지만 궁금해서 못 참겠는 거야.
"쌤, 물이 어떻게 기억을 해요?"
내가 묻자, 파이쌤이 컵에 물을 따라 주며 되물으셨어.
"마셔 봐, 물에서 무슨 맛이 나니?"

"에이, 이건 사과주스 마신 컵에 물을 따라서 그런 거잖아요."
하마터면 속을 뻔했지 뭐야.

"물이 사건을 기억한다고 증명해서 이그노벨 화학상을 두 번이나 받은 사람도 있는걸!
바로 프랑스의 면역학자 자크 뱅베니스트야.
첫 번째 상은 1991년에 탔어. 먼저 물에 약을 넣고 반복해서 희석해. 뱅베니스트는 약 성분이 전혀 없어도 물은 성분을 기억했다고 주장했어.

희석할 때는 **이렇게 저렇게**(비밀이야!) 흔들어 줘. 물이 기억하게!

두 번째 상은 1998년에 탔어. 벵베니스트는 물의 기억을 *디지털로 바꾸어 전송할 수 있다고 했지.

이그노벨상 2관왕!

물의 기억을 전송한다는 게 대체 무슨 말이에요?

정보가 인터넷으로 전송되는 방법부터 알려 줘야겠구나!

벵베니스트는 물의 기억을 전화나 인터넷으로 전송할 수 있다고 했어. 정말인지 확인하기 전에 **정보를 디지털로 전달하려면 어떻게 해야 하는지**부터 알아볼까?
사람들은 각자 자기 나라 말로 소통하지만
컴퓨터와 소통할 수 있는 건 오로지 전기 신호뿐이야!
전류가 흐르면 1, 끊기면 0!
컴퓨터에게 말을 걸려면 '0'과 '1'만 써야 해.
*컴퓨터 언어라고 할 수 있지.

이 세상 수백 개의 언어 모두

컴퓨터와 소통할 때는 한 글자를 '0'과 '1'만 늘어놓은 16자리 수로 나타내.

'물'이라는 단어는 1011101100111100으로 나타내.

'0'과 '1'을 2개씩 늘어놓는 방법은 00, 01, 10, 11
네 가지뿐이고.
'0'과 '1'을 3개씩 늘어놓는 방법은
000, 001, 010, 011, 100, 101, 110, 111
여덟 가지뿐이지만,
'0'과 '1'을 16개씩 늘어놓으면 6만 5천 가지가 넘어.
이 세상의 모든 글자를 나타낼 수 있어.

벵베니스트는 물에서 기억을 뽑아내서 그 기억을 전화로 보냈고, 전화로 보내온 물의 기억을 이쪽 물에서 20분간 재생하는 데 성공했다고 주장했어.

그 후 여러 과학자들이 벵베니스트와 똑같은 조건으로 실험했지만 같은 결과를 얻지는 못했어. 물이 기억을 하고, 그 기억을 전송할 수 있다는 벵베니스트의 주장에 대해서는 아직도 의견이 분분해. 그러니 물에 기억력이 있는지 없는지는 아직 모르는 일이라고 해야겠지?

4 콜라 병뚜껑 사건

여기는 필리핀!
사람들이 콜라병을 많이 들고 다니네.
"쌤, 필리핀 사람들은 콜라를 많이 마시나 봐요."
"콜라를 보니 1992년 펩시에서 개최한 이벤트가
생각나네."

"원래 펩시에서는 당첨 번호를 두 개만 인쇄할 계획이었는데, 컴퓨터 오류가 난 거야. 그래서 무려 50만 개나 인쇄를 한 거야."
"헉!"
"이 사건으로 필리핀의 펩시 회사는 1993년 이그노벨 평화상을 받았어. 많은 사람에게 백만장자가 될 달콤한 희망을 안겨 준 공로로."

다음 날, 펩시 회사 앞은 당첨금을 받으러 온 사람들로 북적였어. 놀란 펩시 측은 안전 코드까지 맞아야 당첨으로 인정한다고 발표했어. 그러면 단 2명만 당첨되거든. 이 소식을 들은 당첨자들은 잔뜩 화가 났지! 펩시에서는 사람들을 달래려고 1인당 500페소씩 줬지만 소용없었어. 당첨금을 달라며 1년 가까이 시위를 벌였어.

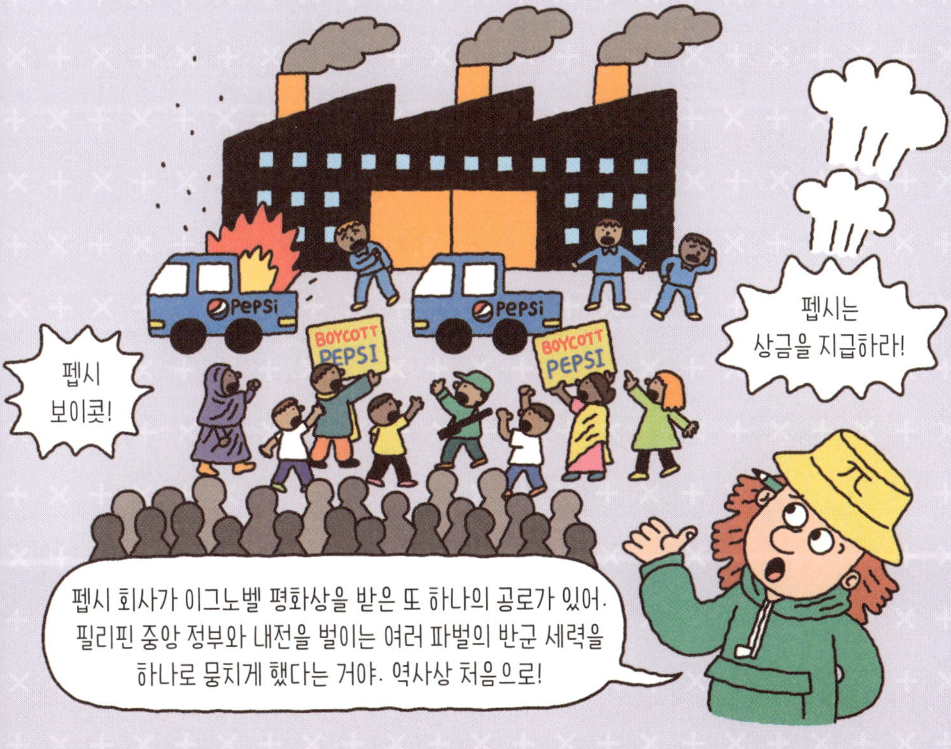

펩시 보이콧!

BOYCOTT PEPSI

펩시는 상금을 지급하라!

펩시 회사가 이그노벨 평화상을 받은 또 하나의 공로가 있어. 필리핀 중앙 정부와 내전을 벌이는 여러 파벌의 반군 세력을 하나로 뭉치게 했다는 거야. 역사상 처음으로!

이제 백만 페소가 얼마만큼의 돈인지 알아볼까?
1992년에 필리핀 사람들은 하루 일하면 118페소 정도
받았어. 며칠을 일하면 백만 페소가 되는지 볼까?

8,475일이 몇 년인지 알려면, 1년은 365일이니 365일로 나눠야겠지!

필리핀 백만 페소가 지금 우리나라 돈으로는 어느 정도인지 궁금하지 않니?
지금 우리나라 사람들은 한 시간 일하면 1만 원 정도 받아.
하루 8시간 일하면 8만 원,
1년에 260일 일하면
8만 원 × 260일 = 2,080만 원
32년 동안 이 돈을 모은다면,
2,080만 원 × 32년 = 66,560만 원
우리 돈으로 6억 원이 훌쩍 넘는 돈이야.

5
물 위를 달리고 싶어?

방금 봤어? 나는 내 눈을 의심했어.
도마뱀이 물 위를 뛰어다니잖아!

새털처럼 가벼운 소금쟁이나 물 위를 떠다닐 수 있는
거 아냐? 어떻게 도마뱀이 가라앉지 않고 물 위를
뛰어가는 걸까?

잠깐, 도마뱀이 된다면 나도 가능하지 않을까?
나는 바로 파이쌤께 달려갔어.

"이미 물 위를 달린 사람들이 있어.
이탈리아의 알베르토 미네티 연구팀은 사람이 물 위를 달리는 실험에 성공했어. 그 공로로 2013년 이그노벨 물리학상을 받았지.
바실리스크 도마뱀이 물 위에서 날 듯이 달려가는 걸 세심하게 관찰하고 따라 한 거야."

"야호! 파토쌤, 비켜 주세요. 저도 도마뱀처럼 물에 안 빠지고 뛰어 볼게요."
나는 발에 물갈퀴를 끼고는 풀장으로 뛰어들었어. 아니, 뛰어들려 하는 순간 파이쌤이 말리며 이렇게 말씀하시는 거야!
"발차기를 아무리 빨리 해도 안 될 거야. 몸무게를 $\frac{1}{6}$ 정도로 줄여야 해."

물 위를 달리는 $\frac{1}{6}$

물 위를 달리려면 어떻게 해야 하냐고?
소금쟁이가 어떻게 물 위를 떠다니는지부터 알아볼까?
소금쟁이처럼 작은 곤충은 물의 표면에 생기는
*표면 장력이라는 힘을 이용해. 물은 이 표면 장력 덕분에
서로 뭉치거든. 그 뭉친 힘이 소금쟁이를 떠받쳐 주는 거야.

표면 장력을 이용해 봐!

바실리스크 도마뱀은 소금쟁이만큼 가볍진 않지만
**물갈퀴가 있는 발을 엄청나게 빨리 번갈아 내디뎠어.
그래서 물 위를 달릴 수 있었던 거야.**
미네티 연구팀도 사람에게 물갈퀴를 신겼지. 그런데 인간이 물갈퀴를 신고 물 위를 달리려면 1초에 30미터 이상을 달려야 해. 얼마나 빨리 달려야 하는지 상상이 되니?
엄청 큰 물갈퀴를 신으면 1초에 10미터만 달려도 된다는 연구도 있어.

이렇게 뒤뚱거리면서 우사인 볼트보다 빨리 뛰라고요?

우사인 볼트는 자메이카 육상 단거리 달리기 선수야. 번개같이 빠르다고 해서 '라이트닝 볼트'라는 별명도 있어. 세계 기록을 여러 개 가지고 있지.

미네티 연구팀은 물갈퀴 대신 몸무게를 줄일 방법을 생각해 냈어. 영화 속 우주선에서 사람들이 날아다니는 모습을 본 적 있니? 무중력 상태에서는 몸이 붕 뜨잖아. 하지만 무중력 상태를 만드는 건 쉽지 않으니 줄로 몸을 들어 주는 장치를 만들었어.

몸무게가 $\frac{1}{6}$ 정도로 줄어들도록 잡아 주었더니 드디어 물 위를 달릴 수 있게 됐어.

와! 드디어 물 위를 달렸어요.

몸무게가 $\frac{1}{6}$ 정도 줄어들었다는 건 지구 중력을 $\frac{1}{6}$ 로 줄인 것과 마찬가지야. 이건 바로 달에서의 중력이지.

6
'빵' 터지는 해군

영국 남서쪽 끄트머리 해안가에는 해군 기지에
포병학교가 있어. 나는 파이쌤과 함께 포병학교 훈련
모습을 보러 왔어.
"와, 생각만 해도 신나요. 포 쏘는 모습을 직접 보다니!"
그런데 포병들이 쏘는 시늉을 하면서 소리만 지르고,
막상 포탄은 안 쏘는 거야.

"잘 봐! 포탄을 장전하고 목표물에 조준하지?
그러고는 마이크에 대고 '빵!'하고 입으로 쏘는 거야.
평화를 사랑해서 그런다는구나."

평화를 사랑한 영국 해군에게 2000년에 이그노벨 평화상을 수여했는데, 아무도 상을 받으러 오지 않았어.

영국 해군이 포탄을 입으로 쏜 건 사실 비용을 줄이기 위해서였대.
영국 정부가 국방 예산을 줄였기 때문이지.
포탄 한 개가 642파운드. 우리 돈으로 100만 원 정도라니 비싸긴 하잖아. 3년간 국방부 예산을 500만 파운드 절약할 수 있다니까 입으로 쏠 만하지?

영국 해군 기지의 포병학교에서 하루에 포탄을 대략 얼마나 쐈냐고? 그걸 알려면 먼저 1년 동안 얼마나 쐈는지부터 알아봐야지. 계산하기 전에 우리가 이미 알고 있는 것부터 확인해 보자.

포탄 한 개가 642파운드이고, 3년간 5백만 파운드를 절약할 수 있다고 했어요.

그럼 5백만 파운드를 3으로 나누면 1년 동안 쓰는 비용이 나오겠지?

으악, 엄청나게 큰 수를 나눠야 하네요.

먼저 1년 동안의 포탄 값이 얼마인지 알아보자.
5백만 파운드는 3년으로 나누면 되겠지?

1년 동안 드는 포탄 비용이 170만 파운드면 하루에는 얼마일까? 하루에 드는 비용을 알려면 365로 나누면 될까? 수병들이 쉬는 날도 없이 훈련하는 건 아니니까 필리핀 사람들처럼 주말은 빼고 260일로 나누자. 이번에도 나눗셈은 곱셈으로 하자. 그게 쉬워.

하루에 6,500파운드라고 해도 감이 잘 안 오지?
아주 중요한 과정이 남아 있어. 우리 돈으로 바꾸는 거야.
650파운드가 우리 돈으로 100만 원 정도거든.
6,500파운드는 650파운드의 열 배니까 하루에
100만 원의 열 배인 1,000만 원이 드는 셈이지.

7
손가락을 몇 번이나 꺾었을까?

아, 심심해.
엄마는 친구 분들과 즐겁게 이야기를 나누고 계셔.
나는 너무 심심해서 손가락 꺾기를 했어.
뚜두둑, 뚜두둑!
엄마와 친구분들이 동시에 돌아보며 한마디씩 하셨어.

잔소리를 피할 겸 공원으로 갔더니 파이쌤이 계시네.
쌤은 귀에 꽂았던 연필로 뭔가를 끄적이다가,
중얼대다가, 나처럼 손가락을 꺾으시는 거야.
반가운 마음에 가까이 갔는데도 알아채지도 못하시고.

"손가락 꺾기 실험? 아하, 도널드 엉거 이야기를 아는 모양이구나!"
"그럼요! 어려서부터 손가락을 꺾으면 관절염에 걸린다는 말을 듣고 정말 그런지 확인해 본 의사잖아요. 50년 동안 손가락을 꺾은 뒤 관절염과 상관없다는 걸 증명해서 이그노벨 의학상을 받았죠."

"잘 알고 있네! 도널드 엉거는 손가락을 몇 번이나 꺾고서 관절염과 상관없다는 걸 증명했을까?"

"지난 번에 파토쌤이 알려 주셨는데……, 몇 번이었더라?"

"하루에 두 번씩 꺾었다니까 계산을 해 보면 알 수 있지."

하루에 두 번씩 50년 동안 엉거 박사가 손가락을 몇 번이나 꺾었는지 알려면 곱셈으로 계산해야 쉬워.

1일째 1일 × 2번 = 2번
2일째 2일 × 2번 = 4번
3일째 3일 × 2번 = 6번
……,

이런 식으로 계산하려면 너무 오래 걸릴 테니, 1년이 365일이라는 것도 이용해 보자.
1년 동안 꺾은 횟수는 365일에 2를 곱하면 돼. 여기에 다시 50을 곱하면 50년 동안 꺾은 횟수를 알 수 있지.

도널드 엉거는 50년 동안 3만 6천5백 번 이상을 꺾은 왼손을 여러 가지 방법으로 검사했는데, 꺾지 않은 오른손과 차이가 없었어.
2017년에는 터키 연구팀이 하루에 5번 이상 손가락을 꺾은 사람 35명을 조사했어. 이 사람들은 1년 동안 몇 번이나 꺾었을까?
365일에 5번을 곱해야 하니까 …….

그렇지! 곱할 때는 줄만 잘 맞추면 돼!

신경외과 의사 로드 오스쿠이안과 동료들도 2018년에 의학 잡지에 글을 발표했어. 1911년부터 관절 골절에 대해 연구한 논문을 26편 이상 검토한 결과, '손가락 꺾기는 관절에 손상을 입히지 않는다.'는 내용이었어.

8
00조까지 세 봤니?

"우아, 빵이다!"
나는 노릇노릇한 빵을 보자 침을 꼴깍 삼켰어.
얼른 파이쌤의 손을 잡고
빵을 파는 아주머니 앞으로 갔지.

"네? 10억 달러라고요?"
난 기절할 듯이 놀랐어. 그런데 파이쌤은 아무렇지도 않게 가방에서 돈을 꺼내어 세기 시작하시는 거야.
"아침엔 5억 달러였는데, 더 오르기 전에 빨리 사 먹자!"

"여긴 아프리카 짐바브웨야. 물가가 장난이 아니라고.
파이쌤이 뭔가 잘못 아신 줄 알았는데,
저기 수레에 돈을 싣고 나온 사람도 보이네.

나는 주머니에 만 원짜리 두 장만 있어도 가슴이 콩닥콩닥하는데, 저렇게 돈다발을 들고 다니다니!
"물가가 심하게 올라서 500억 달러, 1,000억 달러짜리 돈도 만들었어. 결국 100조 달러짜리 지폐도 만들었대!"

짐바브웨에 오니까 수가 너무 커서 돈 계산이 어렵다고?
걱정할 필요 없어. 수에는 규칙이 있거든.

> '일, 십, 백, 천, 만'이라고
> 할 때는 **열 배씩** 커지는 거야.

일이 십이 되려면 '0'을 한 개 더 붙여! 10배가 되는 거야.
십이 백이 되려면 '0'을 한 개 더 붙여! 10배가 되는 거야.
백이 천이 될 때도, 천이 만이 될 때도 '0'을 한 개씩 더 붙여!
이렇게 수를 나타내는 방법을 **십진법**이라고 해.
한 자리 올라갈 때마다 10배가 된다는 뜻이야.

'만, 억, 조'는 만 배씩 커져.

만의 만 배는 억, 억의 만 배는 조!
왜 갑자기 10배가 아니라 10,000배냐고? 10배마다 계속 자리 이름을 새로 만들면 외울 이름이 너무 많아지잖아.
대신, 만, 억, 조 사이사이에 십, 백, 천을 넣어서 불러.
만과 억 사이에는 십만, 백만, 천만이, 억과 조 사이에는 십억, 백억, 천억이 있지.
이제 규칙이 보이니?
십, 백, 천은 10배씩, 만, 억, 조는 10,000배씩 커지는 수야!

100조 짐바브웨 달러라면 'O'이 몇개일까?
100에 'O'이 2개, 조에 'O'이 12개 붙은 수니까
1 뒤에 'O'이 14개 붙네.
짐바브웨 사람들은 화폐 단위가 점점 커져서
돈 계산이 불편해졌지만, 덕분에 십진법을 제대로 익혀서

큰 수 세는 데 익숙해졌어.

9
화약 모아 다이아몬드

어제 집에 온 손님이 케이크를 사다 주셨어.
나 혼자 맛있는 케이크를 먹을 순 없잖아?
상자째 들고 파이쌤 댁으로 달려갔지.
그런데 집 안 구석구석을 아무리 살펴봐도 파이쌤이
안 보이는 거야. 혹시나 하고 옥상에 올라가 봤어.

파이쌤이 느긋하게 일광욕을 즐기고 계시네!
"쌤, 케이크 드세요. 쌤이랑 먹으려고 통째로 가져왔어요."
"케이크 상자 안에 있는 성냥만 다오."
맛있는 케이크보다 성냥을 먼저 찾으시다니 나는 쌤이 이해가 안 됐어.
"화약이 필요해서 그래."
"이 코딱지보다 작은 화약으로 뭐 하시게요?"

"여기 성냥 끝에 있는 화약도 모으면 다이아몬드를
만들 수 있거든."
"다이아몬드요? 반지 만드는 그 비싼 다이아몬드?"
"아니, 보석 다이아몬드 말고 '나노 다이아몬드'란다."
"나노 다이아몬드요?"
"나노 다이아몬드는 크기가 아주 작아서 우리 눈에는
가루로 보이지만, 쓰임새가 아주 많아. 저 태양광
패널을 만들 때도 쓰인다고."

태양광 패널의 표면을 매끈하게 할 때 나노 다이아몬드 가루를 써. 또, 나노 다이아몬드로 코팅하면 표면에서 세포가 자랄 수 있어서 인공 장기나 임플란트를 만드는 데도 쓰여.

"실제로 러시아의 한 회사에서는 오래된 탄약으로 나노 다이아몬드를 만드는 데 성공했어. 못 쓰게 된 탄약을 재활용한 공로로 2012년 이그노벨 평화상도 받았지."

나노 다이아몬드는
일반적인 다이아몬드보다
엄청나게 작아.
입자 하나하나를 눈으로
구분할 수 없어.
나노 다이아몬드의 크기를
짐작하려면 **나노**부터 알아야 해.

나노는 일, 십, 백, 천처럼 수를 세는 단위야.

우리가 아는 1에서 시작해 볼까? 10분의 1씩 작아지는 거야.
1미터의 10분의 1은 데시미터, 1미터의 100분의 1은 1센티미터,
1미터의 1000분의 1은 1밀리미터야. 여기까지는 네가 쓰는
10센티미터(1데시미터) 자로 살펴보면 쉽게 알 수 있어.

나노를 알려면 아직 멀었어.
이제부터는 $\frac{1}{10}$ 말고 $\frac{1}{1000}$ 씩 작게 하자.
밀리보다 천 배 작으면 마이크로야.
마이크로보다 천 배 작으면 나노야.
결국 나노는 1보다 $\frac{1}{1000000000}$ 배 작아. 눈이 빙빙 돌지?
'0'이 무려 아홉 개야.

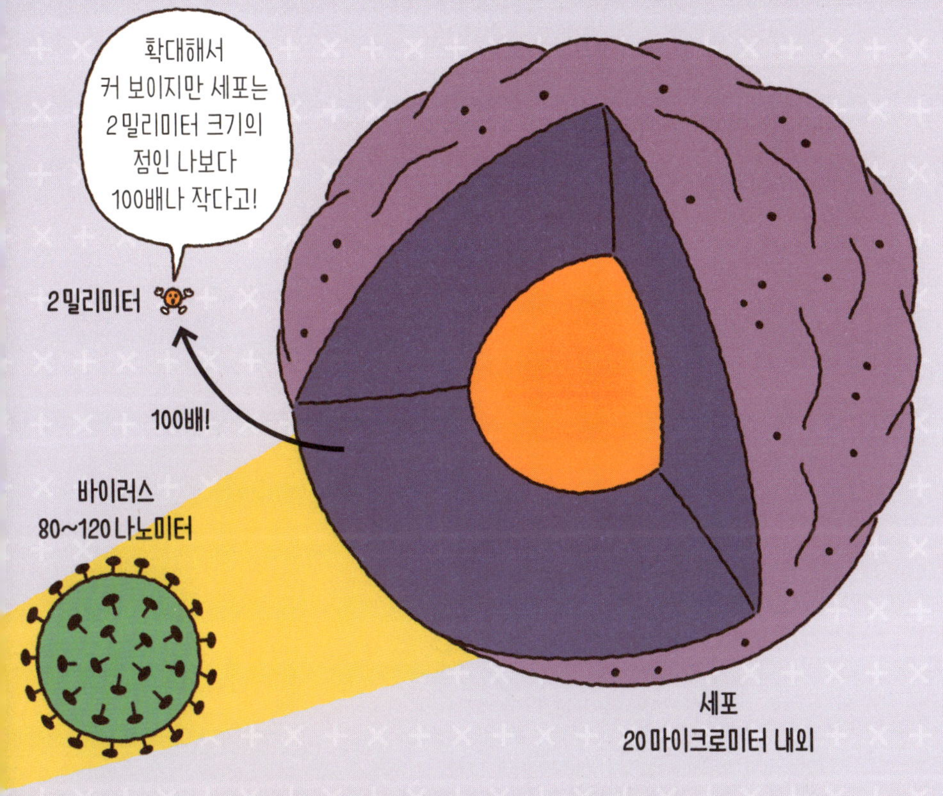

1마이크로미터는

1밀리미터보다
1,000배 작고

1나노미터보다
1,000배 커.

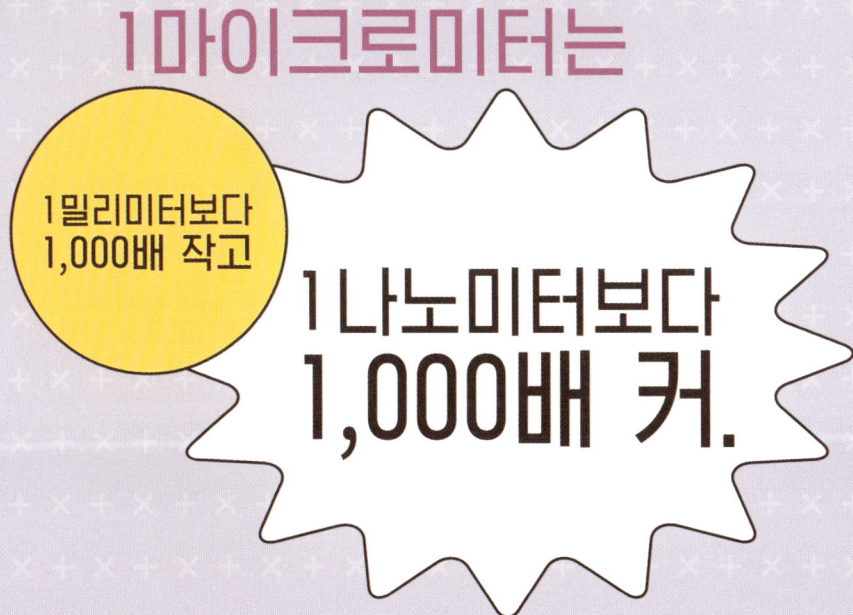

다시 나노 다이아몬드로 돌아가 볼까?

나노 다이아몬드 1캐럿에는 900조 개의 입자가 들어 있어.

900,000,000,000,000!

900조면 'O'이 무려 14개인 건 짐바브웨 100조 달러에서 배웠지?

10
세상에서 가장 비싼 클릭

재범이와 함께 수학 학원에 가는 길이었어.
그런데 우리 눈앞에 게임기가 딱 들어오네.
학원 시간까지 30분 여유가 있으니 딱 한 판만 하고
가기로 했지.

한 판이 두 판 되고, 두 판이 세 판 되고…….
결국 수학 학원을 빼먹고 말았어. 학원쌤이 엄마한테
전화하셨을 텐데 이를 어쩌지? 파이쌤 핑계 좀 대 볼까?
"쌤, 엄마한테 쌤이랑 수학 공부하느라 학원
못 갔다고 말씀 좀 해 주세요. 네?"
"네 실수를 거짓말로 덮어 달라고?"

"후안 파블로 다빌라는 칠레의 국영 기업인 코델코의 직원이야. 구리, 금, 은 같은 광물을 사고파는 일을 담당했어. 주식을 사고파는 것과 비슷한데 광물 가격은 주식보다 더 큰 폭으로 오르락내리락해.

다빌라는 처음 실수를 한 다음에도 몇 번이나 **거듭해서** 잘못 클릭했대. 그걸 만회하려고 위험한 투자까지 하고 말았지. 결국 더 이상 거래를 할 수 없을 정도로 돈을 잃고 말았어. 그 액수는 무려 칠레 국민 총생산의 0.5퍼센트, 2억 700만 달러였지."

"다빌라는 사기꾼이라는 보도가 나오기 시작했어. 코델코의 경쟁사를 위해서 일부러 저지른 일이라고 말이지. 길고 긴 국제 소송이 이어졌어.
어쨌든 다빌라는 1994년 이그노벨 경제학상을 받았어. 실수를 거듭하면 얼마나 커지는지 알게 해 준 공로로!"

이번 기회에 뭔가
거듭하는 게 얼마나 큰일인지 알아보자.

여기에 딱 맞는 옛날이야기가 있어. 체스에 얽힌 이야기야.

체스는 옛날에 전쟁을 좋아하는 왕을 위해 한 신하가 만들었다고 해. 가로 8칸, 세로 8칸 총 64칸의 정사각형 판 위에서 말들을 움직이며 승패를 다퉈. 왕은 전쟁 대신 체스의 재미에 푹 빠졌어.

왕은 너무 기쁜 나머지 신하에게 큰 상을 내릴 테니 소원을 말해 보라고 했어.

신하의 말대로 체스 판에 밀알을 놓아 보자!

첫 번째 칸, 1알
두 번째 칸, 1알의 두 배니까 2알
세 번째 칸, 2알의 두 배니까 4알
네 번째 칸, 4알의 두 배니까 8알
다섯 번째 칸, 8알의 두 배니까 16알
여섯 번째 칸, 16알의 두 배니까 32알
……

밀알을 얼마나 준비해야 할지 **2**를 *거듭제곱해 보자!

열한 번째 칸, 2를 열 번 곱한 수 2^{10}은 1,024

……

스물한 번째 칸, 2^{20}은 1백만이 넘고

스물두 번째 칸, 2^{21}은 2백만이 넘고

스물세 번째 칸, 2^{22}은 4백만이 넘고

……

서른여덟 번째 칸, 2^{37}은 1천억이 넘어!

……

예순네 번째 칸, 2^{63}은?

교과 연계가 궁금해요

목차	이그노벨상 수상 내역	교과 연계
1. 너도 코 파니?	2001년 공공보건상	6학년 1학기 비와 비율
2. 바닥에 떨어진 사탕, 먹어도 될까?	2004년 공공보건상	3학년 1학기 분수와 소수
3. 물이 기억을 한다고?	1991년 화학상 1998년 화학상	2학년 2학기 네 자리 수
4. 콜라 병뚜껑 사건	1993년 평화상	4학년 1학기 곱셈과 나눗셈
5. 물 위를 달리고 싶어?	2013년 물리학상	6학년 1학기 비와 비율
6. '빵' 터지는 해군	2000년 평화상	5학년 2학기 어림하기
7. 손가락을 몇 번이나 꺾었을까?	2009년 의학상	4학년 1학기 곱셈
8. 100조까지 세 봤니?	2009년 수학상	4학년 1학기 큰 수
9. 화약 모아 다이아몬드	2012년 평화상	3학년 1학기 분수와 소수
10. 세상에서 가장 비싼 클릭	1994년 경제학상	3학년 2학기 곱셈

파이쌤이 알려 주마

용어가 궁금해요

속력 (22쪽)

사람이나 물체의 빠르기를 나타내는 척도야.
어떤 사람의 걷는 속력은 달리는 속력보다 느려. 비행기 속력은
기차 속력보다 빨라. 속력은 시간당 이동한 거리를 말해.
1시간에 3 킬로미터를 가면 시속 3킬로미터, 1분에 10미터를
가면 분속 10미터, 1초에 5센티미터를 가면
초속 5센티미터라고 하지.

컴퓨터 언어 (29쪽)

컴퓨터는 사람과 달라. 사람이 쓰는 언어는 자음,
모음 여러 개로 만들지만 컴퓨터가 쓰는 언어는
'0'과 1로만 되어 있어.
전기 신호가 없다가 '0', 전기 신호가 있다가 1이야.
컴퓨터는 이렇게 두 개의 수로만 만들어진
이진법의 수만 알아들어.

거듭제곱 (87쪽)

똑같은 수를 여러 번 곱하는 것을 제곱이라고 해.
거듭제곱이라고도 하지. 두 번 곱하면 제곱,
세 번 곱하면 세 제곱, 네 번 곱하면 네 제곱.
거듭제곱은 표현 방법이야. 2를 열 번 곱한 걸
거듭제곱으로 나타내면 2^{10}이야. 간단하지?